Einstern

Mathematik für Grundschulkinder

4

Themenheft 1

Die Zahlen
bis 1 000 000

Erarbeitet von
Roland Bauer
Jutta Maurach

D1693501

In Zusammenarbeit
mit der
Cornelsen Redaktion
Grundschule

Mathematik für Grundschulkinder
Themenheft 1
Die Zahlen bis 1 000 000

Erarbeitet von:	Roland Bauer, Jutta Maurach
Redaktion:	Uwe Kugenbuch, Nadine Marx
Layout und technische Umsetzung:	lernsatz.de
Illustration:	Yo Rühmer
Umschlaggestaltung:	lernsatz.de

★ Pflichtseiten

✦ Wahlseiten

❀ besprechen – mit einem Partner oder in der Gruppe

✋ Handlungshinweis

Aufgaben mit unterschiedlichen Anforderungsniveaus:
① ausrechnen, ausführen, wiedergeben
① erkennen, fortsetzen, anwenden
① Lösungswege selbst entwickeln, darstellen, begründen und übertragen

→ AH Seite … Hinweis auf die passende Seite im Arbeitsheft

→ Ü Seite … Hinweis auf die passende Seite in den Übungssternchen

✏ Aufgaben, die du in deinem Heft löst

www.cornelsen.de

Die Links zu externen Webseiten Dritter, die in diesem Lehrwerk angegeben sind, wurden vor Drucklegung sorgfältig auf ihre Aktualität geprüft. Der Verlag übernimmt keine Gewähr für die Aktualität und den Inhalt dieser Seiten oder solcher, die mit ihnen verlinkt sind.

1. Auflage, 3. Druck 2014

Alle Drucke dieser Auflage sind inhaltlich unverändert
und können im Unterricht nebeneinander verwendet werden.

© 2013 Cornelsen Schulverlage GmbH, Berlin

Druck: DBM Druckhaus Berlin-Mitte GmbH

ISBN 978-3-06-082762-6

 Inhalt gedruckt auf säurefreiem Papier aus nachhaltiger Forstwirtschaft.

Bildnachweis

12.1 Cornelsen Verlagsarchiv
12.2 Gustavo Alabiso, Karlsruhe
38 Bundesministerium des Innern / Pressestelle
Bildredaktion: Peter Hartmann

Inhaltsverzeichnis

Große Zahlen finden und verstehen

P WC
2000m

43 465 €

Der Mensch hat etwa 100 000 Kopfhaare.

400 000 km

Der höchste Berg der Erde ist der Mount Everest. Er ist 8 848 m hoch.

Der höchste Berg in Deutschland ist die Zugspitze mit 2 962 m Höhe.

www.olympiastadion-berlin.de

Nach seiner Fertigstellung bietet das Berliner Olympiastadion Sitzplätze für ca. 75.000 Zuschauer.

So alt können Bäume ungefähr werden:

Buche — 250 Jahre | Tanne — 600 Jahre | Eiche — 700 Jahre | Olivenbaum — 2 000 Jahre | Mammutbaum — 3 800 Jahre

Und nun noch einige Informationen zu unserem Flugzeug. Der Airbus A 330-200 kann mit einem Gewicht von maximal 230 000 kg starten. Sein Tank fasst 139 000 l. Die maximale Reichweite beträgt 12 500 km. Das Flugzeug kann in einer Höhe von bis zu 12 000 m fliegen.

Roland Bauer
71126 Gäufelden
Tel 07032/72697

So weit fliegen Zugvögel etwa zu ihrem Winterquartier:

Storch — 10 000 km | Kuckuck — 9 500 km | Star — 1 400 km

1 Besprich mit einem anderen Kind, was diese Zahlen bedeuten.

2 Große Zahlen suchen

a) Suche in deiner Umgebung, in Zeitungen, Büchern oder im Internet weitere Abbildungen oder Angaben mit großen Zahlen.

Seite 5 Aufgabe 2
b) …

b) Zeichne, schreibe oder klebe in dein Heft, was du findest. Du kannst auch mit anderen Kindern ein Plakat gestalten.

★ untersuchen und erläutern verschiedene Zahldarstellungen an Beispielen aus ihrer Umwelt
★ tauschen sich mit anderen Kindern über sachrelevante Informationen aus
★ suchen eigene Beispiele, dokumentieren und präsentieren diese

Die Blockstange mit 10 000 Würfeln kennen lernen

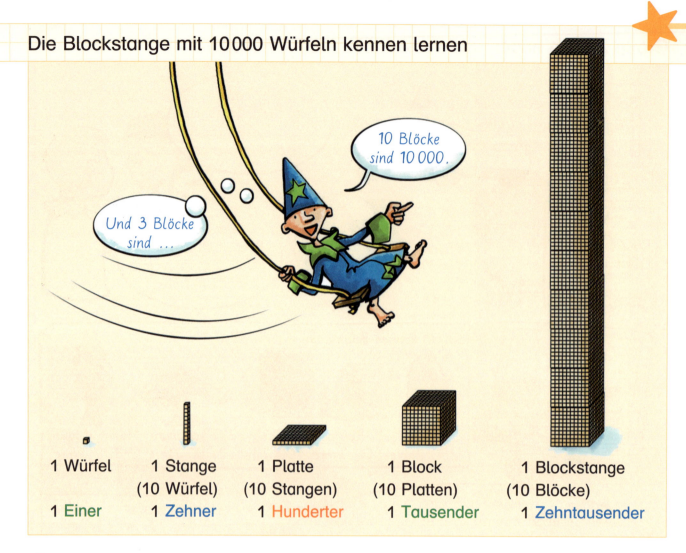

1 Würfel	1 Stange (10 Würfel)	1 Platte (10 Stangen)	1 Block (10 Platten)	1 Blockstange (10 Blöcke)
1 Einer	1 Zehner	1 Hunderter	1 Tausender	1 Zehntausender

1 Wie viele kleine Würfel hat …

a) … 1 Platte? b) … 1 Block? c) … 1 Blockstange?

Seite 6 Aufgabe 1
a) …   b) …

2 Betrachte die Zusammenhänge zwischen Würfel, Stange, Platte, Block und Blockstange. Sprich mit einem anderen Kind darüber, was dir auffällt.

3 Lege mit Blöcken, Platten, Stangen und Würfeln eine Zahl und bitte ein anderes Kind, diese zu bestimmen. Ihr könnt auch Punktefelder oder Millimeterpapier benutzen. Wechselt die Rollen.

★ übertragen bekannte Zahldarstellungen mit strukturiertem Material auf den erweiterten Zahlenraum
★ stellen Zahlen unter Anwendung der Struktur des Zehnersystems mit den Einzelteilen des Mehrsystemmaterials dar
★ betrachten, formulieren und begründen Zusammenhänge zwischen den Stufen des Zehnersystems

1 Schreibe für jedes Bild die passende Zerlegungsaufgabe auf.
Trage die dargestellte Zahl in die Stellentafel ein.

a)
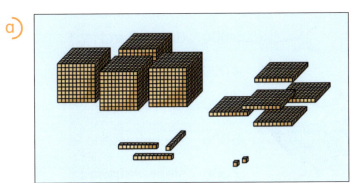

Seite 7 Aufgabe 1

a) 4 0 0 0 + 5 0 0 + 3 0 + 2 = 4 5 3 2

T	H	Z	E
4	5	3	2

b) ...

b)
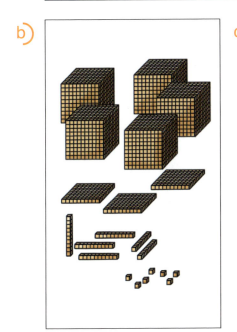

c)
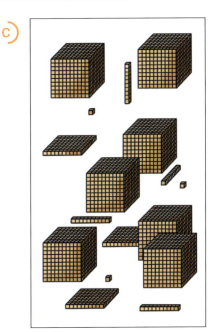

d)
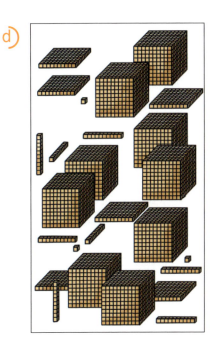

2 Lege und bestimme gemeinsam mit einem anderen Kind die Zahlen.

a) 5T + 4H + 3Z + 7E

b) 8T + 5H + 4Z + 3E

c) 7T + 0H + 5Z + 6E

d) 4T + 6H + 0Z + 7E

e)
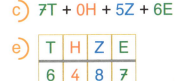

T	H	Z	E
6	4	8	7

f)
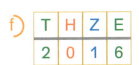

T	H	Z	E
2	0	1	6

g)
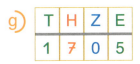

T	H	Z	E
1	7	0	5

5 Tausender + 4 Hunderter + 3 Zehner + 7 Einer

fünftausendvierhundert-siebenunddreißig

★ übertragen die Darstellung von Mehrsystemmaterial in die Stellenwertschreibweise
★ stellen Zahlen mit Mehrsystemmaterial als Aufgabenstellung in Partnerarbeit dar

7

1000	eintausend
2000	zweitausend
3000	dreitausend
4000	viertausend
5000	fünftausend
6000	sechstausend
7000	siebentausend
8000	achttausend
9000	neuntausend

10 000

zehntausend

1 Schreibe passende Zerlegungsaufgaben auf.
Bestimme die Zahlen.

a)
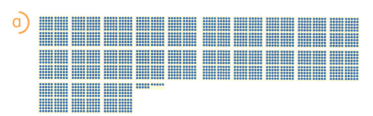

Seite 8 Aufgabe 1
a) 2 T + 3 H + 1 Z + 5 E = 2 3 1 5
b) ...

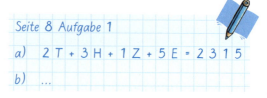

b)
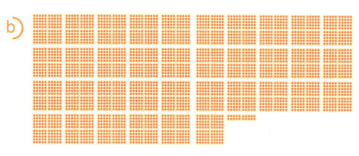

c)
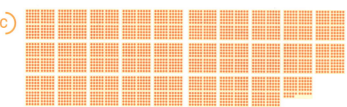

∗ erkennen bereits bekannte Strukturen des Zehnersystems in Punktebilddarstellungen
∗ nutzen Strukturen in Darstellungen zur Anzahlerfassung

Die Anzahl von Millimeterquadraten bestimmen

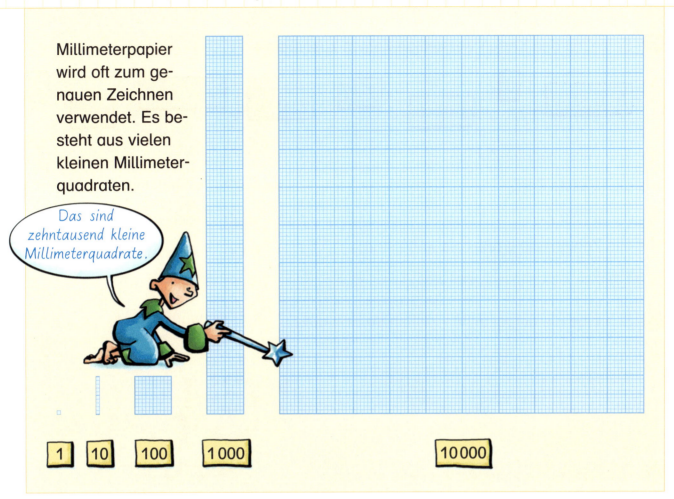

Millimeterpapier wird oft zum genauen Zeichnen verwendet. Es besteht aus vielen kleinen Millimeterquadraten.

Das sind zehntausend kleine Millimeterquadrate.

1   10   100   1 000   10 000

1 Lies ab, wie viele Millimeterquadrate jeweils eingefärbt sind.

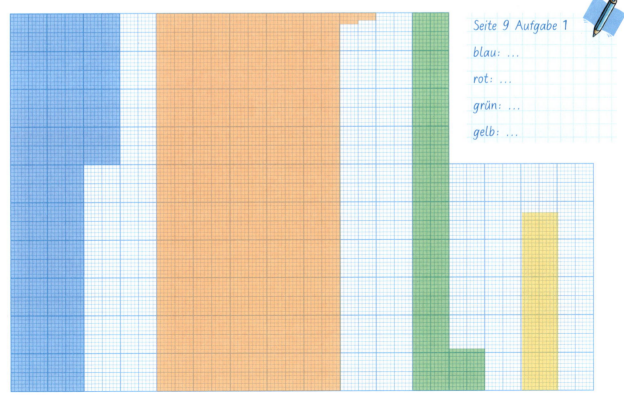

Seite 9 Aufgabe 1

blau: ...

rot: ...

grün: ...

gelb: ...

★ übertragen Vorgehensweisen auf ähnliche Sachverhalte
★ nutzen Strukturen in Zahldarstellungen zur Anzahlerfassung im erweiterten Zahlenraum bis 10 000

Zahlen bilden und verändern

1 Setze mit den Karten vierstellige Zahlen zusammen.

 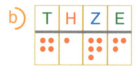 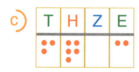 

a) fünf verschiedene Zahlen

b) die kleinste Zahl

c) die größte Zahl

d) alle Zahlen, die größer als 5500 sind

Seite 10 Aufgabe 1
a) ...

2 Schreibe die dargestellten Zahlen im Heft auf.

a) | T | H | Z | E |

b) | T | H | Z | E |

c) | T | H | Z | E |

Seite 10 Aufgabe 2
a) ...

3 Schreibe auf, welche Zahl jeweils entsteht.

| T | H | Z | E |

a) Nimm an der Tausenderstelle ein Plättchen weg.

b) Lege an der Hunderterstelle zwei Plättchen dazu.

c) Lege an der Einerstelle ein Plättchen dazu.

d) Lege ein Plättchen von der Hunderterstelle an die Tausenderstelle.

e) Lege ein Plättchen von der Einerstelle an die Hunderterstelle.

Seite 10 Aufgabe 3
a) ...

4 Überlege gemeinsam mit einem anderen Kind, wie sich die Zahlen verändern. Begründe deine Aussagen.

a) Wenn ich ein Plättchen von der Zehnerstelle an die Hunderterstelle verschiebe, wird die Zahl …

b) Wenn ich ein Plättchen von der Tausenderstelle auf die Hunderterstelle verschiebe, wird die Zahl …

★ bilden selbst aus Einern, Zehnern, Hundertern und Tausendern unterschiedliche Zahlen
★ erkennen und begründen die Wirkung von Veränderungen in der Stellentafel und einzelner Stellenwerte
★ stellen Vermutungen über mathematische Zusammenhänge an, erklären Gesetzmäßigkeiten

→ AH Seite 5

1 Schreibe als Zahlen.

a) sechstausendvierhundertzweiundneunzig

b) dreitausendfünfhundertvierundsiebzig

c) achttausendzweihundertneununddreißig

d) fünftausendvierundsiebzig

e) viertausendundfünf

f) neuntausendneunhundertneun

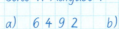

Seite 11 Aufgabe 1

a) 6 4 9 2   b) ...

2 Schreibe als Zahlwörter.

a) 4 325   3 752   1 234   5 406

b) 5T + 3H + 4Z + 7E

   6T + 2H + 0Z + 3E

   2T + 0H + 5Z + 1E

   4T + 0H + 0Z + 8E

c)
T	H	Z	E
8	4	3	9
7	0	8	3
4	5	9	8
1	0	0	5

Seite 11 Aufgabe 2

a)   viertausenddreihundertfünfundzwanzig
         ⋮
b)   ...

3 Diktiere einem anderen Kind folgende Zahlen. Kontrolliert gemeinsam.

a) 39   b) 147   c) 258   d) 1 490   e) 3 621

f) 16   g) 763   h) 508   i) 8 417   k) 9 005

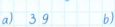

Seite 11 Aufgabe 3

a) 3 9   b) ...

4 Schreibe zu den Zahlen in den Stellentafeln Zerlegungsaufgaben.

a)
T	H	Z	E
3	8	5	4

b)
T	H	Z	E
9	0	4	1

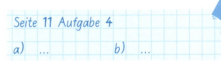

Seite 11 Aufgabe 4

a) ...   b) ...

c)
T	H	Z	E
7	6	0	8

d)
T	H	Z	E
8	7	2	0

e)
T	H	Z	E
6	5	3	9

f)
T	H	Z	E
9	4	7	6

★ wechseln zwischen verschiedenen Formen der Zahldarstellung
★ übertragen Stellenwertdarstellungen in entsprechende Zahlen und Zahlwörter
★ bearbeiten Aufgabenstellungen gemeinsam, kooperieren und kommunizieren

Römische Zahlen kennen lernen

Im alten Rom wurden Zahlen mit Buchstaben dargestellt.

MCMXIII

I = 1		C = 100	
V = 5		D = 500	
X = 10		M = 1 000	
L = 50			

Ein Zahlzeichen, das rechts neben einem gleichen oder höheren steht, wird addiert.
Ein Zahlzeichen, das links neben einem höheren steht, wird subtrahiert.

XII = 12 (10 + 1 + 1)

IX = 9 (10 − 1)

MDLI = 1 551 (1 000 + 500 + 50 + 1)

CMXL = 940 (1 000 − 100 + 50 − 10)

1 Schreibe gleiche Zahlen paarweise auf.

XCVI 959 325 424 CCCXXV 96 2 765

756 CDXXIV DCCLVI CMLIX MMDCCLXV

Seite 12 Aufgabe 1
X C V I = 9 6
⋮

2 Schreibe die römischen Zahlen mit unseren Zahlzeichen.

a) IV, VIII, IX, XV, XIX, XXII, XXXIV

b) LXXV, LXXI, LXXXVIII, LXXIV, XLII, LVII

c) CCX, CXVII, CXC, CCXLV, CCCX, CCLXXXV

d) DCCVI, DXXXIX, DCCLVI, CDXLV, CDXXIV, CDLIX

e) MDCXXX, MCDXIII, MMCCXLIV, MMDCCLXVII, MDCC

Seite 12 Aufgabe 2
a) 4, 8, …
b) …

★ erkennen die Struktur und die Notationsformen römischer Zahlen
★ übertragen Zahldarstellungen in eine andere Form

Die Zeichen I, X, C, M kommen höchstens dreimal hintereinander vor.

1 Schreibe die Zahlen mit römischen Zahlzeichen.

a) die einstelligen Zahlen von 1 bis 9

b) die Zehnerzahlen von 10 bis 100

c) die Hunderterzahlen von 100 bis 1000

d) 35, 21, 78, 17, 53, 44, 99, 96

e) 167, 759, 214, 338, 680, 849, 604, 999

f) 1675, 3002, 2510, 1998, 2438

g) Welche ist die größte Zahl, die du mit römischen Zahlzeichen darstellen kannst?

Seite 13 Aufgabe 1
a) I, II, ...
b) ...

2 Hier wurden teilweise zu viele gleiche Zahlzeichen nebeneinander verwendet. Schreibe die Zahlen richtig auf und übertrage sie in unsere Schreibweise. Besprich deine Überlegungen mit einem anderen Kind.

a) XVIIII   b) XXXXIII   c) IIX   d) XXLII

e) MDCCCC   f) LLX   g) DDC   h) DMM

Seite 13 Aufgabe 2
a) X I X = 1 9
b) ...

★ übertragen Zahldarstellungen in eine andere Form
★ überprüfen Darstellungen von römischen Zahlen auf ihre Angemessenheit, finden und korrigieren Fehler
★ bearbeiten komplexere Aufgabenstellungen gemeinsam, setzen eigene und fremde Standpunkte in Beziehung

1 Auf welche Zahlen zeigen die Pfeile?

Seite 14 Aufgabe 1
a) A = 1 6 0 0, B = ...
b) ...

a)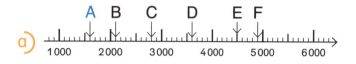

b)

c)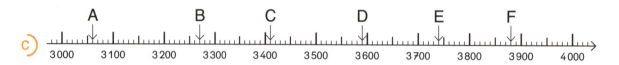

d)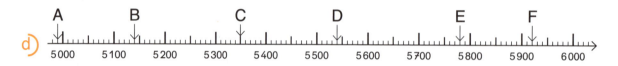

e)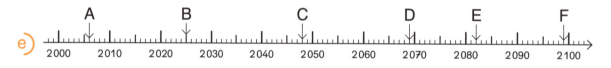

f)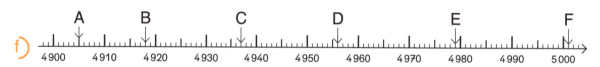

2 Suche dir einen Partner. Gestaltet einen eigenen Zahlenstrahl,
bei dem die Tausender, Hunderter oder auch Zehner dargestellt sind.
Ein Kind zeigt eine Zahl, das andere nennt die Zahl.
Wechselt euch dabei ab.
Übt auch mit den Zahlenstrahlen anderer Kinder.

★ übertragen bekannte Strukturen und Anordnungen des Zahlenstrahls auf den Zahlenraum bis 10000
★ bearbeiten Aufgabenstellungen gemeinsam, kooperieren und kommunizieren

→ AH Seite 6
→ Ü Seite 2

Benachbarte Zahlen bestimmen

1 Bestimme Nachbarzahlen.
Benutze als Hilfe die Ausschnitte aus dem Zahlenstrahl von Seite 14.

a) Nachbarhunderter
4500, 7600, 8200, 9000, 5900

b) Nachbarzehner
3000, 3110, 3940, 5140, 5600

c) Vorgänger und Nachfolger
4915, 4973, 2100, 5000, 2010

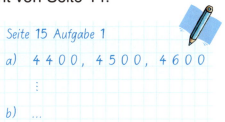
Seite 15 Aufgabe 1
a) 4 4 0 0, 4 5 0 0, 4 6 0 0
b) ...

2 Schreibe jeweils die Zahlen auf, die in den Zeilen fehlen.

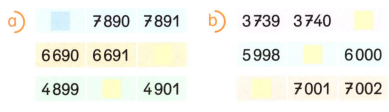

a)

	7890	7891
6690	6691	
4899		4901

b)

3739	3740	
5998		6000
	7001	7002

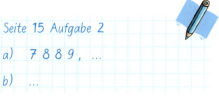
Seite 15 Aufgabe 2
a) 7 8 8 9, ...
b) ...

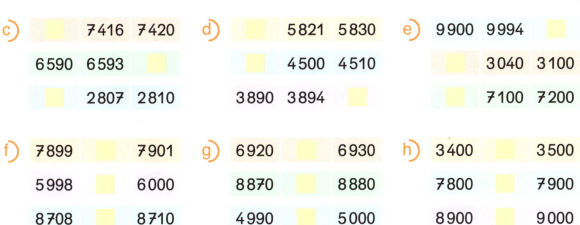

c)

	7416	7420
6590	6593	
	2807	2810

d)

	5821	5830
	4500	4510
3890	3894	

e)

9900	9994	
	3040	3100
	7100	7200

f)

7899		7901
5998		6000
8708		8710

g)

6920		6930
8870		8880
4990		5000

h)

3400		3500
7800		7900
8900		9000

3 Suche dir einen Partner. Übt mit eurem Zahlenstrahl:
Ein Kind zeigt eine Zahl, das andere nennt Vorgänger und Nachfolger.

4 Finde mindestens vier Zahlen, bei denen …

a) … ein Nachbarzehner und ein Nachbarhunderter …

b) … ein Nachbarhunderter und ein Nachbartausender …

… gleich sind. Vergleiche deine Ergebnisse
mit denen von anderen Kindern.

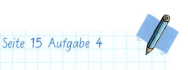
Seite 15 Aufgabe 4
...

★ orientieren sich im neuen Zahlenraum unter Verwendung der Fachbegriffe „Vorgänger", „Nachfolger",
„Nachbarzehner", „Nachbarhunderter" und „Nachbartausender"
★ finden mehrere Lösungen und vergleichen sie mit denen anderer Kinder

1 Setze die Zahlreihen fort.

a) 1000, 2000, 3000, …, 10000

b) 10000, 9000, 8000, …, 1000

c) 500, 1500, 2500, …, 6500

d) 9800, 8800, 7800, …, 1800

e) 500, 1000, 1500, …, 6000

f) 9500, 9000, 8500, …, 4000

g) 2800, 2900, 3000, …, 4100

h) 7300, 7200, 7100, …, 6500

Seite 16 Aufgabe 1

a) 1 0 0 0, 2 0 0 0, 3 0 0 0, 4 0 0 0, …

b) …

2 Suche dir ein anderes Kind. Zählt in den angegebenen Schritten. Wechselt euch beim Sprechen ab.

a) in Zehnerschritten

von 5970 bis 6040
von … bis …

b) in Zehnerschritten

von 6540 bis 6490
von … bis …

c) in Zwanzigerschritten

von 8220 bis 8440
von … bis …

d) in Fünfzigerschritten

von 3750 bis 5250
von … bis …

3 Finde jeweils drei beliebige Zahlen, die zwischen den Zahlen auf dem Zahlenstrich liegen.

a) 8900 — 9200 b) 6300 — 7100

c) 4870 — 5230 d) 3990 — 6401

Seite 16 Aufgabe 3

a) …

b) …

4 Bestimme die Zahl, die genau in der Mitte zwischen den beiden Zahlen liegt.

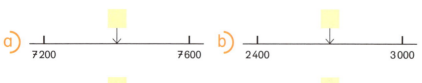

a) 7200 — 7600 b) 2400 — 3000

c) 1200 — 4000 d) 6500 — 7200

Seite 16 Aufgabe 4

a) …

★ erkennen Strukturen von Reihen und setzen diese fort
★ finden sich am Zahlenstrich zurecht und ordnen vorgegebenen Positionen Zahlen zu
★ bearbeiten Aufgabenstellungen gemeinsam, treffen dabei Verabredungen

→ AH Seite 8
→ Ü Seite 3

1 Bilde aus den Ziffernkärtchen möglichst viele
vierstellige Zahlen und schreibe sie in die Stellentafel.

Umkreise die größte Zahl rot.
Umkreise die kleinste Zahl blau.

2 Ordne die Zahlen der Größe nach.
Beginne zuerst mit der kleinsten Zahl und danach mit der größten Zahl.
Vergleiche mit einem anderen Kind.

| 9998 | 7506 | 6876 |
| 9901 | 8978 | 6905 |

3 Setze die Zeichen < und > passend ein.

a) 3400 ⬤ 6400 b) 4500 ⬤ 5400 c) 3240 ⬤ 3480

6500 ⬤ 2500 7800 ⬤ 3500 5260 ⬤ 5650

d) 5748 ⬤ 5742 e) 5748 ⬤ 6479 f) 9999 ⬤ 9995

6457 ⬤ 6451 2879 ⬤ 3010 6457 ⬤ 5674

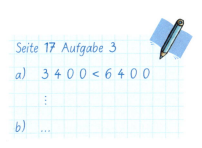

4 Suche dir ein anderes Kind. Stellt euch gegenseitig Zahlenrätsel.

Meine Zahl liegt
zwischen 4000 und 5000 und
hat drei gleiche Ziffern.

...

★ verwenden bereits bekannte Zeichen zum Ordnen und Vergleichen im bereits bekannten Zahlenraum
★ verknüpfen beim Lösen der Zahlenrätsel zwei Informationen
★ finden eigene Zahlenrätsel und präsentieren diese unter Verwendung geeigneter Fachsprache

1 Bilde mit diesen Ziffernkärtchen Zahlen und schreibe sie auf.

a) alle Zahlen zwischen 10 und 100

b) alle Zahlen zwischen 100 und 1000

c) alle Zahlen zwischen 1000 und 10000

d) die größtmögliche vierstellige Zahl

e) die kleinstmögliche vierstellige Zahl

f) Besprich und vergleiche deine Vorgehensweise mit einem anderen Kind.

2 Du hast nun diese Ziffernkärtchen:

a) Überlege zusammen mit einem anderen Kind, ob du damit genauso viele verschiedene Zahlen bilden kannst wie in Aufgabe **1**. Begründet eure Antwort.

b) Die Aufgabenstellungen a) bis e) aus Aufgabe **1** könnt ihr auch für diese Ziffernkärtchen durch Legen bearbeiten.

3 Lest am Zahlenbaum ab, welche vierstelligen Zahlen mit den Ziffern ③⑤⑦⑨ gebildet werden können.

Wie viele verschiedene sind es?

Seite 18 Aufgabe 3

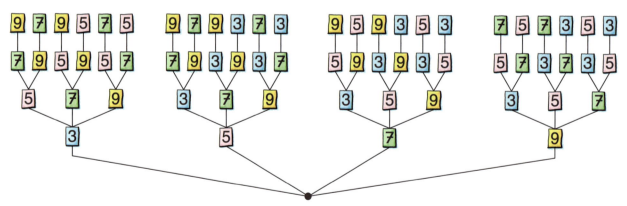

4 Erstelle selbst einen Zahlenbaum, um alle möglichen dreistelligen Zahlen mit den Ziffern ① ② ③ zu finden. Jede Ziffer darf nur einmal verwendet werden.

★ probieren und finden systematisch und zielorientiert verschiedene Lösungen und überprüfen sie auf Plausibilität
★ entwickeln und nutzen für die Präsentation ihrer Lösungswege und Ergebnisse geeignete Darstellungsformen
★ bearbeiten komplexere Aufgabenstellungen gemeinsam und setzen eigene und fremde Standpunkte in Beziehung

1. Suche dir einen Partner. Findet jeweils heraus, wann die ursprünglichen Ereignisse stattgefunden haben oder wie lange sie zurückliegen.

2. Die Schilder informieren über Ereignisse zu ganz unterschiedlichen Zeiten. Ordne die Jahreszahlen dieser Ereignisse in der richtigen Reihenfolge und schreibe sie in dein Heft.

Seite 19 Aufgabe 2

...

3. Jubiläumszahlen suchen

Seite 19 Aufgabe 3

a) Suche in Zeitungen, Zeitschriften oder im Internet Angaben mit Jubiläumszahlen.

b) ...

b) Zeichne, schreibe oder klebe in dein Heft, was du findest. Du kannst auch mit anderen Kindern ein Plakat gestalten.

★ untersuchen und erläutern verschiedene Zahldarstellungen aus ihrer Umwelt
★ finden Lösungen zu vorgegebenen Problemstellungen
★ entwickeln und nutzen für die Präsentation ihrer Ergebnisse geeignete Darstellungsformen

1 Im Schaubild findest du Angaben zu den tiefsten Stellen einiger Meere und Ozeane. Lies die ungefähren Werte ab.

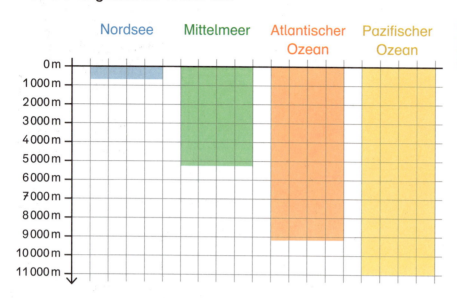

Seite 20 Aufgabe 1
...

2 Das Schaubild zeigt drei Flüsse im Längenvergleich:

Nil (Afrika), Wolga (Europa) und Rhein (Europa).

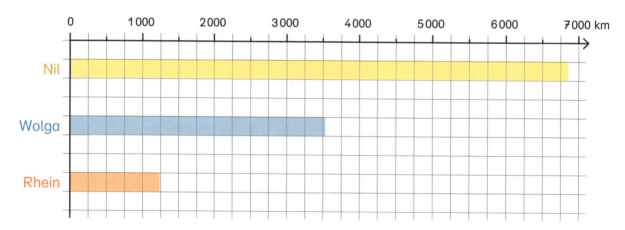

a) Lies ab, wie lang die drei Flüsse ungefähr sind.

b) Übertrage das Schaubild in dein Heft.

c) Ergänze im Schaubild diese Flüsse:

Elbe (Europa) 1 200 km
Donau (Europa) 2 900 km
Kongo (Afrika) 4 400 km
Amazonas (Südamerika) 6 400 km
Missouri-Mississippi (Nordamerika) 6 100 km

d) Suche diese Flüsse auf einer Weltkarte, in einem Atlas oder im Internet.

Seite 20 Aufgabe 2
a) ...: ... km, ...
b) ...

★ entnehmen einem Säulen- und einem Balkendiagramm Daten
★ übertragen vorgegebene Daten in ein Diagramm

Einwohnerzahlen vergleichen

1 Die Stadt Weil der Stadt besteht
aus den fünf Teilorten Weil der Stadt,
Merklingen, Münklingen, Hausen
und Schafhausen.
Die Einwohnerzahlen sind in diesem
Diagramm dargestellt.

Suche dir einen Partner.
Lest die ungefähren Einwohnerzahlen ab. Findet dann gemeinsam
mindestens sechs Fragen und
Antworten zum Schaubild.

Beispiele:

Welcher Teilort hat die meisten Einwohner?

Wie viele Einwohner haben Hausen
und Münklingen zusammen?

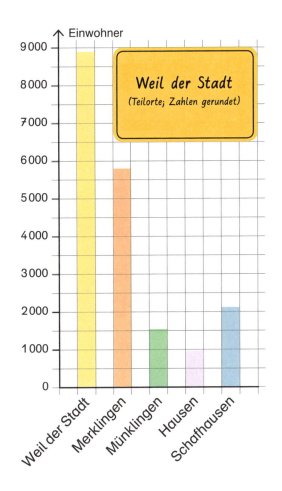

2 Tiefenbronn, Nachbargemeinde der Stadt Weil der Stadt,
besteht aus den drei Teilorten
Tiefenbronn (2 500 Einwohner),
Mühlhausen (1 600 Einwohner)
und Lehningen (1 200 Einwohner).

a) Stelle die Einwohnerzahlen Tiefenbronns
in einem Diagramm dar. Zeichne für jeweils
100 Einwohner 1 mm.

Seite 21 Aufgabe 2
a) ...
b) ...

b) Berechne die Unterschiede zwischen den
Einwohnerzahlen der Teilorte.

c) Berechne die Gesamt-Einwohnerzahl Tiefenbronns.

d) Suche dir einen Partner. Vergleicht gemeinsam die Einwohnerzahlen
der Orte Weil der Stadt und Tiefenbronn miteinander.
Schreibt einige eurer Vergleiche auf.

Beispiele: Münklingen hat 300 Einwohner mehr als Lehningen.
Merklingen hat mehr Einwohner als Tiefenbronn,
Mühlhausen und Lehningen zusammen.

★ entnehmen einem Säulendiagramm Daten und ziehen sie zur Lösung von Fragestellungen heran
★ finden zu gegebenem mathematischen Modell passende Problemstellungen
★ übertragen vorgegebene Daten in ein Säulendiagramm

21

1 In eine Großstadt fahren jeden Tag viele Autos.
Hier siehst du die Ergebnisse einer Verkehrszählung:

Uhrzeit	Ergebnis einer Verkehrszählung in einer deutschen Großstadt* *Zahlen gerundet
6 – 7	🚗🚗🚗🚗🚗 🚗🚗🚗
7 – 8	🚗🚗🚗🚗🚗 🚗🚗🚗🚗
8 – 9	🚗🚗🚗🚗🚗🚗🚗
9 – 10	🚗🚗🚗🚗
10 – 11	🚗🚗🚗
11 – 12	🚗🚗
12 – 13	🚗🚗🚗
13 – 14	🚗🚗🚗🚗
14 – 15	🚗🚗🚗🚗
15 – 16	🚗🚗🚗🚗
16 – 17	🚗🚗🚗
17 – 18	🚗🚗🚗

🚗 bedeutet 1 000 in die Stadt fahrende Autos

Beantworte folgende Fragen mit jeweils einem ganzen Satz in deinem Heft.

a) Wie viele Autos fuhren von 6 Uhr bis 7 Uhr in die Stadt?

b) Wähle mindestens zwei weitere Zeitabschnitte aus, die länger als eine Stunde dauern, und notiere, wie viele Autos jeweils in die Stadt fuhren.

c) Zu welchen Zeiten fuhren mehr als 4 000 Autos in die Stadt?

d) In welcher Stunde fuhren die meisten Autos in die Stadt, in welcher Stunde die wenigsten?

Seite 22 Aufgabe 1
a) Von 6 Uhr bis 7 Uhr ...
b) ...

2 Überlegt und besprecht in der Gruppe, warum die Zahlen der Autos so unterschiedlich sind und was man tun kann, damit insgesamt weniger Autos in die Stadt fahren.

3 Notiere zuerst, wie viele Mitarbeiter die einzelnen Firmen haben.

Zeichne passende Bilder

für Baumland: 1 420 Mitarbeiter

und Alko-Werk: 3 460 Mitarbeiter.

Elektro-werke	🧍🧍🧍🧍🧍🧍🧍🧍
Bau Fix	🧍🧍🧍🧍🧍🧍🧍🧍
Metall-werk	🧍🧍🧍🧍🧍🧍🧍🧍
Chemie-hersteller	🧍🧍🧍🧍🧍🧍🧍

🧍 1 000 Beschäftigte   🧍 100 Beschäftigte   🧍 10 Beschäftigte

Seite 22 Aufgabe 3
Elektrowerke: ...
⋮

★ entnehmen Diagrammen Daten und ziehen sie zur Lösung von Fragestellungen heran
★ übertragen vorgegebene Daten in ein Diagramm mit vorgegebener Struktur
★ bearbeiten komplexere Aufgabenstellungen gemeinsam und setzen eigene und fremde Standpunkte in Beziehung

1 000 000 sind zweitausend 500-€-Scheine.

Tim

Zwölf Tage sind ungefähr 1 000 000 Sekunden.

Lea

Zehn Hechtweibchen legen zusammen ungefähr 1 000 000 Eier.

Max

In drei 5-Liter-Eimer passen ungefähr 1 000 000 Reiskörner.

Lisa

1 000 000 1-Euro-Münzen in eine lange Rolle verpackt sind 2 km 330 m lang.

Felix

Ein Elefant hat in 23 Tagen ungefähr 1 000 000 Herzschläge.

Lena

1 Million
1 000 000

Ein 10-jähriges Kind hat in ungefähr acht Tagen 1 000 000 Herzschläge.

Ole

170 afrikanische Elefanten wiegen ungefähr 1 000 000 kg.

Maja

Um bis 1 000 000 zu zählen, brauche ich ungefähr 250 Stunden. Das sind mehr als zehn Tage.

Paul

Zu zwei Ameisenvölkern gehören mindestens 1 000 000 Ameisen.

Tom

Auf zehn Köpfen dunkelhaariger Menschen wachsen zusammen ungefähr 1 000 000 Haare.

Sofie

Wenn ich 100 Quadrate mit 10 cm Seitenlänge aus Millimeterpapier ausschneide und nebeneinanderlege, habe ich eine Fläche mit 1 000 000 Millimeterquadraten.

1 Suche selbst in Büchern, Zeitschriften oder im Internet weitere interessante Aussagen zu 1 Million. Gestalte gemeinsam mit anderen Kindern ein Plakat dazu.

＊ finden Aussagen durch Variation oder Fortsetzung von Gegebenem
＊ nutzen bei der Bearbeitung von Problemstellungen geeignete Werkzeuge
＊ entwickeln und nutzen für die Präsentation ihrer Ergebnisse geeignete Darstellungsformen und Präsentationsmedien

23

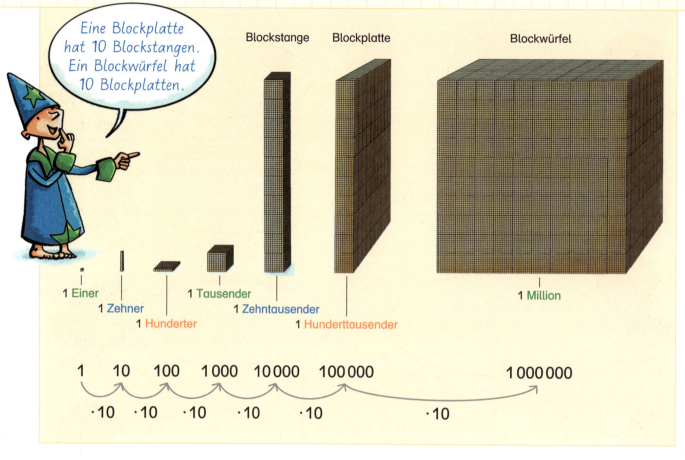

Eine Blockplatte hat 10 Blockstangen. Ein Blockwürfel hat 10 Blockplatten.

Blockstange   Blockplatte   Blockwürfel

1 Einer
1 Zehner
1 Hunderter
1 Tausender
1 Zehntausender
1 Hunderttausender
1 Million

1	10	100	1 000	10 000	100 000	1 000 000

·10 ·10 ·10 ·10 ·10 ·10

1 Bestimme die Anzahl der kleinen Würfel.

a)
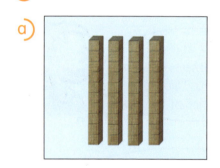

b)
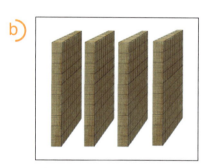

Seite 24 Aufgabe 1
a) 4 0 0 0 0   b) ...

c)
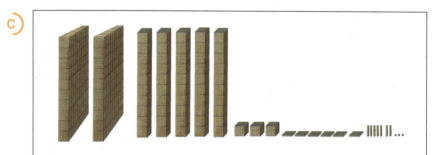

2 Betrachte die Zusammenhänge zwischen Würfel, Stange, Platte, Block, Blockstange, Blockplatte und Blockwürfel.
Sprich mit einem anderen Kind darüber, was dir auffällt.

★ übertragen bekannte Zahldarstellungen mit strukturiertem Material auf den erweiterten Zahlenraum bis 1 000 000
★ betrachten, formulieren und begründen die Zusammenhänge zwischen den Stufen des Zehnersystems mit Hilfe der Einzelelemente des Mehrsystemmaterials

1 Schreibe für jedes Bild die passende Zerlegungsaufgabe auf.

a)
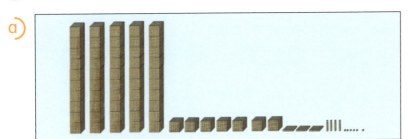

Seite 25 Aufgabe 1

a) 5 0 0 0 0 + ... = ...

b) ...

b)

2 Bestimme die Zahlen.

a) 4ZT + 2T + 5H + 7Z + 2E   b) 8ZT + 7T + 0H + 3Z + 0E

c) 1ZT + 2T + 3H + 0Z + 1E   d) 7ZT + 0T + 8H + 1Z + 9E

e) 5ZT + 1T + 0H + 4Z + 0E   f) 6ZT + 3T + 0H + 0Z + 0E

Seite 25 Aufgabe 2

a) 4 2 5 7 2

b) ...

g)

HT	ZT	T	H	Z	E
0	3	2	5	1	7

h)

HT	ZT	T	H	Z	E
0	9	0	4	0	7

i)

HT	ZT	T	H	Z	E
0	7	9	0	0	8

k)

HT	ZT	T	H	Z	E
0	0	5	9	7	4

3 Legt und bestimmt Zahlen bis 100 000.

zweiunddreißigtausend-
einhundertfünfundvierzig

32 145

★ übertragen die Darstellung mit Mehrsystemmaterial in die Stellenwertschreibweise
★ stellen Zahlen mit Mehrsystemmaterial als Aufgabenstellung in Partnerarbeit dar,
übertragen diese in eine andere Darstellungsform

1 Schreibe für jedes Bild die passende Zerlegungsaufgabe auf.

a)

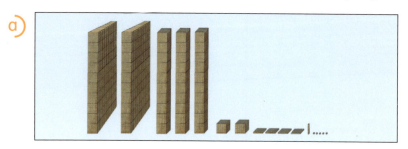

Seite 26 Aufgabe 1
a)   2 0 0 0 0 0 + ... = ...
b)   ...

b)

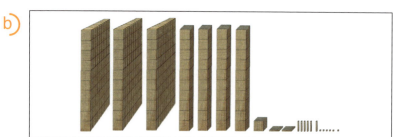

2 Bestimme die Zahlen.

a) 4HT + 6ZT + 5T + 8H + 9Z + 3E

b) 2HT + 5ZT + 4T + 9H + 3Z + 8E

c) 0HT + 5ZT + 0T + 8H + 2Z + 4E

d) 7HT + 0ZT + 3T + 5H + 0Z + 3E

Seite 26 Aufgabe 2
a)   4 6 5 8 9 3
b)   ...

e)

M	HT	ZT	T	H	Z	E
0	3	8	5	7	6	2

f)

M	HT	ZT	T	H	Z	E
0	6	4	0	5	7	8

3 Nenne Zahlen, dein Partner zeigt sie mit dem Zahlenschieber.
Wechselt auch die Rollen.

neunhunderteinunddreißigtausend-
achthundertdrei

931 803

★ übertragen die Darstellung von Mehrsystemmaterial in die Stellenwertschreibweise
★ stellen Zahlen mit dem Zahlenschieber als Aufgabenstellung in Partnerarbeit dar und übertragen diese dabei
  in eine andere Darstellungsform

Zahlen unterschiedlich notieren

1 Schreibe als Zahlen.

a) einundzwanzigtausendfünfhundertdreiundvierzig

b) fünfundsechzigtausendneunhundertfünfzehn

c) siebenhundertzehntausend

d) vierhundertzehntausenddreihundertsiebzig

e) dreihundertsiebenundneunzigtausendachthundertfünf

f) einhundertzweiundachtzigtausendvierhundertachtundsechzig

Seite 27 Aufgabe 1

a) 2 1 5 4 3   b) ...

2 Schreibe als Zahlwörter.

a) 53 467   b) 3HT + 2ZT + 4T + 8H + 7Z + 1E

   174 215   7HT + 0ZT + 5T + 0H + 6Z + 4E

   503 812   2HT + 0ZT + 0T + 4H + 0Z + 8E

Seite 27 Aufgabe 2

a)   dreiundfünfzigtausend-

vierhundertsiebenundsechzig

⋮

b)   ...

3 Diktiere die Zahlen einem anderen Kind.

a) 36 417   b) 137 598   c) 888 444

d) fünfhundertachtzehntausendvierhundertsieben

e) zweihundertvierzigtausendfünfhundertdreiundachtzig

f) neunhundertdreiundsechzigtausendsiebenhundertachtundneunzig

Seite 27 Aufgabe 3

a) 3 6 4 1 7   b) ...

4 Suche dir einen Partner.
   Übt mit dem Zahlenschieber.

a) Ein Kind stellt eine Zahl ein,
   das andere liest sie.

b) Ein Partner stellt eine Zahl ein, der andere
   sagt, wie viele Einer, Zehner … die Zahl hat.

c) Das erste Kind stellt eine Zahl ein, sodass
   das zweite Kind sie nicht sieht. Das erste
   Kind beschreibt die Zahl, das zweite Kind
   nennt die Zahl und schreibt sie auf.

Meine Zahl hat 8ZT, 0T, 0H, 3Z, 5E.

Deine Zahl ist …

→ Ü Seite 5

★ wechseln zwischen verschiedenen Formen der Zahldarstellung
★ übertragen den Wert der Stellen in entsprechende Zahlen und Zahlwörter
★ bearbeiten Aufgabenstellungen gemeinsam, kooperieren und kommunizieren

Zahlen bilden

1 Lege oder zeichne sechsstellige Zahlen, die du mit sechs Plättchen legen kannst.

HT	ZT	T	H	Z	E

a) mindestens fünf verschiedene Zahlen

b) die größte Zahl

c) die kleinste Zahl

2 Schreibe zusammen mit einem anderen Kind alle Zahlen auf, die du in der Stellentafel legen kannst. Findet eine geschickte Vorgehensweise.

a) mit einem Plättchen

b) mit zwei Plättchen

3 Schreibe die Zahlen auf, die entstehen, wenn du …

HT	ZT	T	H	Z	E
⠿	⠿	•	⠿	••	⠿

a) … an der Zehntausenderstelle ein Plättchen dazulegst.

b) … an der Tausenderstelle ein Plättchen wegnimmst.

c) … an der Hunderterstelle ein Plättchen dazulegst.

d) … die Plättchen an der Einerstelle verdoppelst.

4 Schreibe alle Zahlen auf, die entstehen können, wenn du …

a) … bei der Zahl 251 473 ein Plättchen dazulegst.

b) … bei der Zahl 124 456 ein Plättchen verschiebst.

c) Vergleiche und besprich deine Ergebnisse und deine Vorgehensweise mit einem anderen Kind.

★ bilden selbst in der Stellentafel unterschiedliche sechsstellige Zahlen
★ erkennen und begründen die Wirkung von Veränderungen in der Stellentafel und einzelner Stellenwerte
★ stellen Vermutungen über mathematische Zusammenhänge an, erklären Gesetzmäßigkeiten

28

→ Ü Seite 6

Die alten Ägypter benutzten sieben verschiedene Zahlzeichen.

Ägyptische Zahlzeichen	❘	∩	ℭ	⚱	❭	🐍	🧎
	(Kerbe)	(Joch der Ochsen-gespanne)	(Maßband)	(Lotus-blume)	(Finger)	(Kaul-quappe)	(Kniender Mann)
Zahlen heute	1	10	100	1 000	10 000	100 000	1 000 000

Sie hatten auch wie wir ein Zehnersystem:

Zehn Kerben ergaben ein Joch: zehn ❘ → ein ∩
Zehn Joch ergaben ein Maßband: zehn ∩ → ein ℭ
…

1 Ergänze.

a) 1 ℭ → ☐ ∩   b) 1 ⚱ → ☐ ℭ   c) 1 ❭ → ☐ ⚱

d) 1 🐍 → ☐ ❭   e) 1 🧎 → ☐ 🐍   f) ☐ ∩ → 1 ⚱

g) ☐ ❘ → 1 ⚱   h) 1 🐍 → ☐ ⚱   i) 1 🧎 → ☐ ⚱

Seite 29 Aufgabe 1

a)   1 0 ∩

b) …

2 Übertrage die ägyptischen Zahlzeichen mit unseren Ziffern in eine Stellentafel und bestimme so die Zahl.

a) 🧎🧎🧎 🐍🐍🐍 ❭❭❭ ⚱⚱⚱ ∩∩❘❘❘

b) 🧎🐍🐍 🐍🐍 ❭❭ ∩∩∩∩❘❘ ❘❘❘

c) 🐍🐍 ⚱⚱⚱⚱ ℭℭℭℭ ❘❘❘

d) ❭❭❭❭ ⚱⚱ ℭℭℭℭℭℭ ∩∩ ❘❘

Seite 29 Aufgabe 2

	M	HT	ZT	T	H	Z	E
a)	2	3	4	5	0	2	4
b)	…						

3 Schreibe die folgenden Zahlen mit ägyptischen Zahlzeichen:

a)   27   b)   135   c)   1 572   d)   15 243

e) 142 135   f) 4 020   g) 10 200   h) 100 250

Seite 29 Aufgabe 3

a) ∩∩ ❘❘❘❘❘ ❘❘

b) …

4 Schreibe für ein anderes Kind Zahlen in ägyptischen Zahlzeichen auf. Dein Partner überträgt diese in unsere Schreibweise.

Seite 29 Aufgabe 4

…

* erkennen die Struktur ägyptischer Zahldarstellungen
* übertragen eine Zahldarstellung in eine andere
* bearbeiten Aufgabenstellungen gemeinsam, kooperieren und kommunizieren

1

• SV Sandhausen – Sonnenh./Aspach 3:0
Schiedsrichter: Sinn (Esslingen) – Zuschauer:
165 – Tore: 1:0 Throm (11.), 2:0 Bingana (41./Foul-
elfmeter), 3:0 Saggiomo (51.)

Boston-Marathon

Das Experiment ist gelungen. Besser hätte die neu gegründete Marathon-Majors-Serie für die Macher kaum beginnen können. Robert Cheruiyot (Kenia) stellte beim 110. Boston-Marathon mit 2:07:14 Stunden einen Streckenrekord auf, mehr als 500 000 Zuschauer sorgten am Ostermontag für Festtagsstimmung.

Teilnehmer am Berlin-Marathon: 34 090

Formel 1:
132 000 Zuschauer erleben spannendes Rennen!

Basketball-Bundesliga

Die Fans hatten trotz der schwierigen Situation bis zuletzt zu ihrer Mannschaft gehalten. 4 400 Zuschauer kamen zum Abstiegs-Endspiel. Sie

Stuttgarter Kickers – FC Augsburg   1:2 (1:0)
Tore: 1:0 Stierle (30.), 1:1 Haas (70.), 1:2 Benda (90.).
Zuschauer: 2 865.

Zuschauer beim Neujahrs-Skispringen: 34 396

a) Besprich mit einem Partner die Zahlenangaben in den Zeitungsausschnitten. Vergleicht sie.

b) Bei welchen Sportveranstaltungen wart ihr schon? Wie viele Zuschauer gab es dort?

c) Erkundigt euch im Sportteil der Zeitung oder im Internet, wie viele Zuschauer bei Sportveranstaltungen in eurer Nähe waren. Stellt eure Ergebnisse auf einem Plakat der Klasse vor.

2 Zahlensucher spielen

Suche dir zunächst zwei bis drei Mitspieler.
Ein Spieler ist der Zeitwächter. Er stoppt ein oder zwei Minuten ab.
Die anderen Spieler benötigen je eine Zeitung.
Während die Zeit läuft, suchen sie in der Zeitung möglichst viele Zahlen und schreiben sie auf.

Ihr könnt vor dem Spiel selbst Aufgaben festlegen, z.B.: Wer findet …

… die größte Zahl?

… die meisten Zahlen zwischen 10 000 und 100 000?

…

* entnehmen Problemstellungen die für die Lösung relevanten Informationen und geben diese in eigenen Worten wieder
* finden weitere Ergebnisse durch Variation oder Fortsetzung von gegebenen Aufgaben und präsentieren diese
* entwickeln im Rahmen von Sachsituationen eigene Fragestellungen und lösen diese gemeinsam

Zahlen bis 100 000 am Zahlenstrahl ablesen

1 Auf welche Zahlen zeigen die Pfeile?

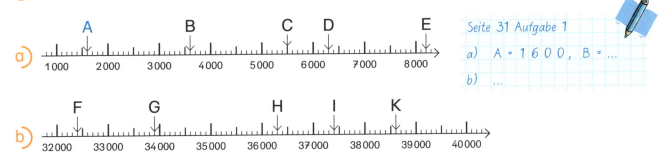

Seite 31 Aufgabe 1
a) A = 1 6 0 0, B = ...
b) ...

a)

b)

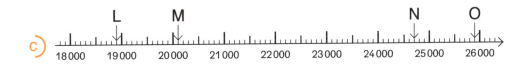

c)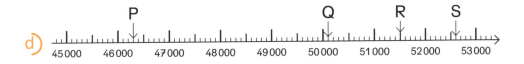

d)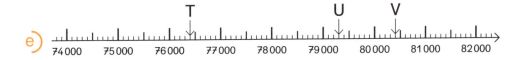

e)

f)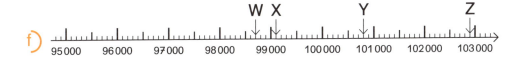

2 Suche dir ein anderes Kind.
Zeige mit einem spitzen Bleistift auf einen Strich am Zahlenstrahl.
Dein Partner nennt dir diese Zahl sowie die Zahlen für den Strich davor
und den Strich danach. Tauscht auch die Rollen.

36 100, 36 200, 36 300

★ übertragen bekannte Strukturen und Anordnungen des Zahlenstrahls auf den Zahlenraum bis 100 000
★ bearbeiten Aufgabenstellungen gemeinsam, kooperieren und kommunizieren

31

Zahlen bis 1 000 000 am Zahlenstrahl ablesen

1 Bestimme zu jedem Buchstaben
die passende Zahl.

Seite 32 Aufgabe 1
a) A = 14 000, B = ...
b) ...

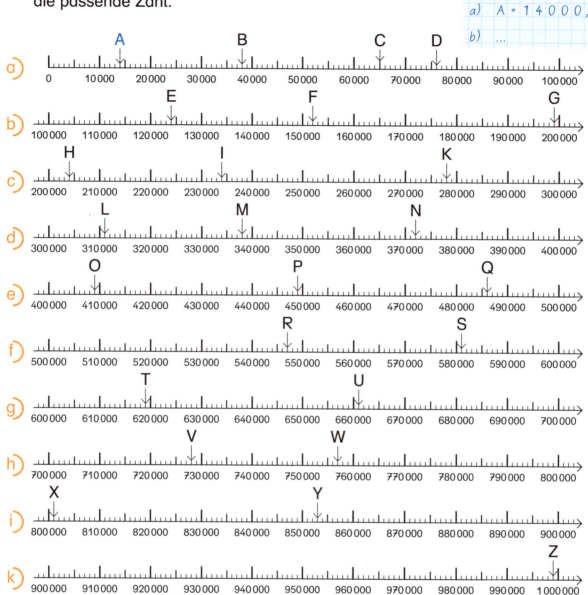

2 Suche dir ein anderes Kind. Zeige mit einem spitzen Bleistift
auf einen Strich am Zahlenstrahl. Dein Partner nennt die dazu
passende Zahl. Tauscht auch die Rollen.

3 Auf welche Zahlen zeigen die Pfeile?

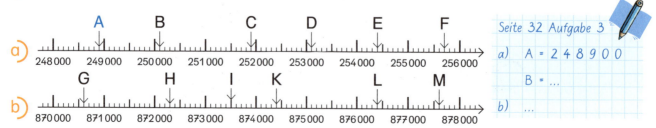

Seite 32 Aufgabe 3
a) A = 248 900
B = ...
b) ...

★ übertragen bekannte Strukturen und Anordnungen des Zahlenstrahls auf den Zahlenraum
bis 1 000 000

★ bearbeiten Aufgabenstellungen gemeinsam, kooperieren und kommunizieren

→ AH Seiten 9 und 10

Große Zahlen runden

1 Schreibe die Zahlen mit den unterschiedlichen Zahlennachbarn in dein Heft.

153 254	624 323	38 999
	297 187	14 328

Seite 33 Aufgabe 1

a)   1 5 3 2 5 0,   1 5 3 2 5 4,   1 5 3 2 6 0

⋮

b)   ...

a) mit den beiden Nachbarzehnern

b) mit den beiden Nachbarhundertern

c) mit den beiden Nachbartausendern

d) mit den beiden Nachbarzehntausendern

e) Umkreise jeweils die Nachbarzahl, die näher an der Zahl liegt.

Enden Zahlen auf
5, 50, 500, 5 000 ...,
wird immer aufgerundet.

Zahlen runden

Hat die Zahl eine 5 an der Einerstelle und man rundet auf volle Zehner,
wird zur nächsthöheren Zehnerzahl gerundet: 361 435 ≈ 361 440

Bei einer 5 an der Zehnerstelle wird zur nächsthöheren Hunderterzahl gerundet.

Bei einer 5 an der Hunderterstelle wird zur nächsthöheren Tausenderzahl gerundet.

Bei einer 5 an der Tausenderstelle wird zur nächsthöheren Zehntausenderzahl gerundet.

2 Runde die Zahlen ...

HT	ZT	T	H	Z	E
8	4	7	5	4	2
5	2	4	3	2	5
1	7	0	8	5	8
8	0	0	0	9	9

a) ... auf volle Zehner.

b) ... auf volle Hunderter.

c) ... auf volle Tausender.

d) ... auf volle Zehntausender.

Seite 33 Aufgabe 2

a)   8 4 7 5 4 2 ≈ 8 4 7 5 4 0

⋮

b)   ...

3 Runde die folgenden Angaben sinnvoll:

a) Für ein Popkonzert wurden 21 997 Karten verkauft.

b) Die Wohnung kostet 249 890 Euro.

c) 2010 hatte Köln 1 007 119 Einwohner.

d) Der höchste Berg Europas ist mit 4 810 m der Mont Blanc.

e) Von Berlin nach Stuttgart sind es 624 km.

Seite 33 Aufgabe 3

a)   ≈ 2 2 0 0 0   Karten

b)   ...

⋆ orientieren sich im neuen Zahlenraum, verwenden Fachbegriffe für die Zahlennachbarn
⋆ nutzen ihre Orientierung im Zahlenraum beim Runden von Zahlen, kennen geeignete Regeln
⋆ wenden Rundungsregeln angemessen an

1 Setze die Zahlreihen fort.

a) 35 000, 34 000, 33 000, …, 26 000

b) 163 000, 153 000, 143 000, … 83 000

c) 967 000, 867 000, 767 000, … 67 000

d) 60 500, 110 500, 160 500, … 560 500

e) 897 995, 897 996, 897 997, … 898 005

f) 700 006, 700 005, 700 004, … 699 997

> Seite 34 Aufgabe 1
> a) 3 5 0 0 0, 3 4 0 0 0, 3 3 0 0 0,
>   3 2 0 0 0, …
> b) …

2 Suche dir ein anderes Kind.
Zählt in den angegebenen Schritten und macht dabei immer einen Schritt.
Wechselt euch beim Sprechen ab.

a) in Zehnerschritten

von   37 980 bis   38 030
von 169 970 bis 170 020
von   63 534 bis   63 484
von 368 021 bis 367 971
von … bis …

b) in Fünfzigerschritten

von   68 935 bis   69 135
von 473 887 bis 474 087
von   13 764 bis   14 364
von 175 874 bis 176 374
von … bis …

3 Finde die dargestellten Zahlreihen und schreibe sie auf.
Besprich die Lösungssuche mit einem anderen Kind.

a)

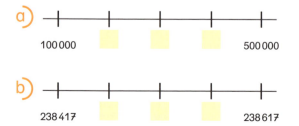

100 000   500 000

> Seite 34 Aufgabe 3
> a) …

b)

238 417   238 617

c)

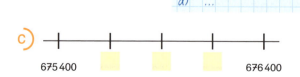

675 400   676 400

★ erkennen Strukturen von Reihen und setzen diese fort
★ finden sich an Zahlenstrichen zurecht und ordnen vorgegebenen Positionen Zahlen zu
★ stellen und bearbeiten Aufgabenstellungen gemeinsam, treffen dabei Verabredungen

→ Ü Seite 9

1 Bilde aus den Ziffernkärtchen möglichst viele sechsstellige Zahlen
und schreibe sie in die Stellentafel.

3 5 6 8 1 7

Umkreise die größte Zahl rot.
Umkreise die kleinste Zahl blau.

Seite 35 Aufgabe 1

HT	ZT	T	H	Z	E
...					
...					

2 Ordne die Zahlen der Größe nach.
Beginne zuerst mit der kleinsten Zahl und danach mit der größten Zahl.
Vergleiche deine Vorgehensweise mit einem anderen Kind.

	381 999	99 999
900 450	798 419	104 510

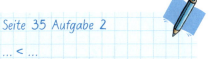

Seite 35 Aufgabe 2

... < ...

3 Setze die Zeichen < und > passend ein.

a) 107 480 ◯ 107 500   b) 551 142 ◯ 551 124

219 510 ◯ 291 150   493 108 ◯ 439 088

700 400 ◯ 400 700   267 500 ◯ 276 490

Seite 35 Aufgabe 3

a) 1 0 7 4 8 0 < 1 0 7 5 0 0

b) ...

4 Ergänze die Zahlen mit passenden Ziffern.

a) ☐ 3 4 1 5 > ☐ 3 4 1 5   b) ☐ 0 6 4 5 9 < ☐ 0 6 4 9 5

5 ☐ 5 6 8 < 5 ☐ 5 6 8   5 ☐ 7 3 0 0 > 5 ☐ 7 4 0 0

7 4 ☐ 7 2 > 7 4 ☐ 7 2   3 5 ☐ 2 ☐ 0 < 3 5 ☐ 2 3 0

Seite 35 Aufgabe 4

a) 6 3 4 1 5 > 2 3 4 1 5

b) ...

5 Finde gemeinsam mit einem anderen Kind die Lösungen
zu den Rätseln. Findet selbst weitere Zahlenrätsel und stellt sie euch gegenseitig.

Es gibt viele
Möglichkeiten.

Die Zahl ist kleiner als 600 000 und größer
als 500 000 und alle Ziffern sind gleich.

Meine Zahl ist
um 10 kleiner
als 1 Million.

Meine Zahl liegt genau
in der Mitte zwischen
168 800 und 169 000.

Meine Zahl liegt zwischen
400 000 und 410 000 und
enthält 4-mal die Ziffer 5.

★ verwenden bekannte Zeichen zum Ordnen und Vergleichen im bereits bekannten Zahlenraum
★ verknüpfen beim Lösen der Zahlenrätsel mehrere Informationen
★ finden zu gegebenem Modell eigene Zahlenrätsel und präsentieren diese unter Verwendung geeigneter Fachsprache

1 Schreibe auf, welche Zahlen die Kinder meinen.

Seite 36 Aufgabe 1

Patrick: ...

2 Denke dir eine Zahl aus und schreibe selbst ein Zahlenrätsel. Es soll mindestens einer der Begriffe „gerade", „ungerade", „runden", „genau" und „zwischen" vorkommen. Stelle es anderen Kindern.

Seite 36 Aufgabe 2

...

3 Löse die Aufgaben zu den Zahlen in der Kiste alleine oder mit einem anderen Kind. Besprich deine Überlegungen.

Zahlen zwischen 150 000 und 151 000

a) Wie viele Zahlenkärtchen können höchstens in der Kiste sein?

Seite 36 Aufgabe 3

a) ...

b) Finde mindestens zehn Zahlen, die drei gleiche Ziffern haben.

b) ...

c) Schreibe die kleinste und die größte ungerade Zahl auf.

d) Welche beiden Zahlen sind die Nachbarzahlen von 150 500?

e) Welche Zahl in der Kiste hat zwei Einer, doppelt so viele Zehner und viermal so viele Hunderter?

f) Welche Zahlen haben doppelt so viele Hunderter wie Einer und halb so viele Zehner wie Einer?

g) Wie viele gerade Zahlen sind in der Kiste? Begründe.

★ verknüpfen beim Lösen der Zahlenrätsel mehrere Informationen
★ finden zu Modellen eigene Zahlenrätsel, präsentieren diese unter Verwendung geeigneter Fachsprache
★ bearbeiten komplexere Aufgabenstellungen gemeinsam, begründen und vollziehen Begründungen nach

36

→ AH Seite 13
→ Ü Seite 10

Zuschauerzahlen in Bundesligastadien vergleichen

1 Werte die Übersicht über die Bundesligastadien aus.

Seite 37 Aufgabe 1

a) Welches Stadion fasst die meisten, welches die wenigsten Zuschauer?

a) ...

b) Welche Stadien sind etwa gleich groß?

f) ...

c) Welche Stadien fassen bis 30 000 Zuschauer?

d) Welche Stadien fassen über 45 000 Zuschauer?

e) Schreibe die Zuschauer- plätze der Größe nach geordnet auf.

f) Überprüfe die Zahlen durch Suche im Internet. Du kannst dort auch weitere Stadien und Zuschauerzahlen finden und auf einem Plakat darstellen.

50. Saison		
1. Bundesliga 2012 / 2013		
Mannschaft	**Stadion**	**Plätze**
FC Augsburg	SGL arena	30 660
Werder Bremen	Weser-Stadion	42 100
Borussia Dortmund	Signal Iduna Park	80 720
Fortuna Düsseldorf	ESPRIT arena	54 400
Eintracht Frankfurt	Commerzbank-Arena	43 234
SC Freiburg	MAGE SOLAR Stadion	24 000
SpVgg Greuther Fürth	Trolli ARENA	15 200
FC Schalke 04	VELTINS-Arena	61 673
Hamburger SV	Imtech Arena	57 000
Hannover 96	AWD-Arena	49 000
TSG 1899 Hoffenheim	WIRSOL Rhein-Neckar-Arena	30 150
Bayer 04 Leverkusen	BayArena	30 210
1. FSV Mainz 05	Coface Arena	34 000
Borussia Mönchengladbach	BORUSSIA-Park	54 067
FC Bayern München	Allianz Arena	69 901
1. FC Nürnberg	easycredit-Stadion	48 548
VfB Stuttgart	Mercedes-Benz Arena	60 441
VfL Wolfsburg	Volkswagen Arena	30 000

2 Ordne die Zuschauerzahlen der Größe nach.

Seite 37 Aufgabe 2

a) ... *b)* ...

Bayer 04 Leverkusen – Zuschauerzahlen bei Heimspielen					
Gegründet:	01.07.1904				
Chronik seit 1963:	1979 bis 2012 1. Bundesliga				
BL-Saison	**Platz**	**Tore**	**Punkte**	**Platz-verweise**	**Zuschauer gesamt**
2002 / 2003	15	47:56	40	6	382 500
2003 / 2004	3	73:39	65	4	382 500
2004 / 2005	6	65:44	57	2	381 500
2005 / 2006	5	64:49	52	3	371 000
2006 / 2007	5	54:49	51	8	381 000
2007 / 2008	7	57:40	51	2	382 000
2008 / 2009	9	59:46	49	5	457 450
2009 / 2010	4	65:38	59	2	498 375
2010 / 2011	2	64:44	68	1	485 187
2011 / 2012	5	52:44	54	4	485 110

a) Finde dann mit einem Partner selbst Fragen und passende Antworten zur Tabelle.

b) Auf der Internetseite von Borussia Dortmund kannst du unter „Statistik/Platzierung" für alle Bundesliga-Mannschaften eine Übersicht über Platzierungen und Zuschauerzahlen abrufen und selbst weitere Vergleiche anstellen.

★ entnehmen Tabellen Daten und ziehen sie zur Lösung von Fragestellungen heran
★ überprüfen Zahlen auf ihre Angemessenheit, finden und korrigieren Fehler
★ finden gemeinsam mit einem Partner zu einem vorgegebenem Modell passende Problemstellungen

Schülerzahlen von Grundschulen vergleichen

Anzahl der Grundschüler in den einzelnen Bundesländern (Schuljahr 2010/2011)

Baden-Württemberg (BW)
388 632

Bayern (BY)
445 333

Berlin (BE)
100 920

Brandenburg (BB)
76 192

Bremen (HB)
20 674

Hamburg (HH)
51 249

Hessen (HE)
209 767

Mecklenburg-Vorpommern (MV)
48 776

Niedersachsen (NI)
296 430

Nordrhein-Westfalen (NW)
662 508

Rheinland-Pfalz (RP)
145 693

Saarland (SL)
31 094

Sachsen (SN)
121 538

Sachsen-Anhalt (ST)
65 644

Schleswig-Holstein (SH)
106 258

Thüringen (TH)
65 929

---

1 Ordne die Schülerzahlen.

a) Trage die Schülerzahlen in eine Stellentafel ein.

b) Ordne die Schülerzahlen nach der Größe. Schreibe sie als Zahlenkette mit < oder >.

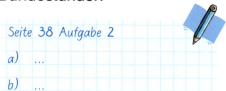

Seite 38 Aufgabe 1

	M	HT	ZT	T	H	Z	E
a) BW	...	...					
...		...					

b) ...

2 Vergleiche die Zahlen. Benutze die Abkürzungen der Bundesländer.

a) Welche Bundesländer haben etwa die gleiche Anzahl von Grundschülern?

b) In welchen Ländern gibt es mehr als 500 000 Grundschüler?

c) Welche Länder haben weniger als 100 000 Grundschüler?

Seite 38 Aufgabe 2

a) ...

b) ...

3 Zeichne ein Diagramm.
Stelle die Grundschüler als Strichmännchen dar.

🧍 steht für 100 000 Schüler

🧍 steht für 10 000 Schüler

Runde die Zahlen.

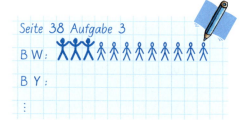

Seite 38 Aufgabe 3

BW: 🧍🧍🧍🧍🧍🧍🧍🧍🧍🧍

BY:

⋮

---

* übertragen eine Darstellung in eine andere
* entnehmen einer Übersicht die für die Lösung relevanten Informationen
* übertragen vorgegebene Daten in ein Diagramm mit vorgegebener Struktur

Kiel

Hamburg

Bremen

Hannover

Düsseldorf

Wiesbaden

Mainz

Saarbrücken

Kiel
239 526 Einwohner

Schleswig-Holstein

Mecklenburg-Vorpommern

Schwerin
95 220 Einwohner

zu Bremen

Hamburg
1 786 446 Einwohner

Bremen
547 340 Einwohner

Niedersachsen

Brandenburg

Berlin
3 460 725 Einwohner

Hannover
522 883 Einwohner

Magdeburg
231 549 Einwohner

Potsdam
156 906 Einwohner

Sachsen-Anhalt

Nordrhein-Westfalen

Thüringen

Sachsen

Düsseldorf
588 733 Einwohner

Dresden
523 058 Einwohner

Erfurt
204 994 Einwohner

Hessen

Rheinland-Pfalz

Wiesbaden
275 976 Einwohner

Mainz
199 237 Einwohner

Saarland

Saarbrücken
175 741 Einwohner

Bayern

Stuttgart
606 588 Einwohner

Baden-Württemberg

München
1 353 186 Einwohner

Angaben Dezember 2010

Schwerin

Berlin

Potsdam

Magdeburg

Dresden

Erfurt

Stuttgart

München

1. Betrachte gemeinsam mit einem anderen Kind die Karte und die Zahlen. Beantwortet gemeinsam die folgenden Fragen:

a) Wie viele Bundesländer gibt es?

b) Es gibt drei „Stadtstaaten". Welche sind es? An was habt ihr sie erkannt?

c) Welche Landeshauptstadt hat die meisten Einwohner? Welche die wenigsten?

d) Welche Landeshauptstädte haben etwa eine halbe Million Einwohner?

e) In welchen Hauptstädten leben mehr als eine Million Menschen?

f) In welchen Städten leben etwa gleich viele Menschen?

g) Findet weitere Fragen und Antworten.

h) Sucht im Internet nach aktuellen Einwohnerzahlen der Städte.

★ entnehmen einer Kartendarstellung und weiteren Quellen für die Beantwortung von Fragen relevante Informationen
★ finden zu gegebenem Modell passende Problemstellungen und lösen diese
★ bearbeiten Aufgabenstellungen gemeinsam, kooperieren und kommunizieren

Zahlenangaben passend zuordnen

1 Überlege, welche der beiden Zahlen passt,
und schreibe die Sätze richtig in dein Heft.

a) In einem Kasten Sprudel sind ▢ Flaschen. (30, 12)

b) Eine Seite in einem großen Rechenheft hat ungefähr
▢ Karos. (2 400, 840)

c) 10 km sind ▢ m. (1 000, 10 000)

d) Ein Elefant wiegt ungefähr ▢ kg. (100, 3 100)

e) Ein Jahr hat ▢ Tage. (356, 365)

f) Der Mond ist ▢ km von der Erde entfernt. (384 000, 100 000)

Seite 40 Aufgabe 1

a) In einem Kasten …

b) …

2 Finde zu jedem Bild das passende Zahlenkärtchen.

| 40 | 180 | 360 | 600 | 9 000 | 100 000 |

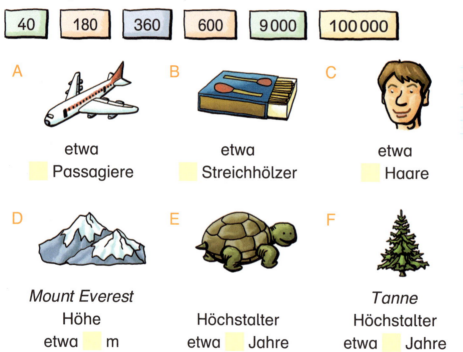

A

etwa
▢ Passagiere

B

etwa
▢ Streichhölzer

C

etwa
▢ Haare

Seite 40 Aufgabe 2

A: …

B: …

D

Mount Everest
Höhe
etwa ▢ m

E

Höchstalter
etwa ▢ Jahre

F

Tanne
Höchstalter
etwa ▢ Jahre

3 Suche dir ein oder zwei andere Kinder.
Notiert interessante Zahlenangaben,
die ihr in Zeitungen, Lexika oder
im Internet findet.

Denkt euch dazu ein Spiel aus
(Quiz, Domino, Würfelspiel …).
Schreibt die Spielregeln auf.
Spielt euer Spiel. Stellt es den
anderen Kindern im Stuhlkreis vor.

★ finden passende Lösungen und hinterfragen, ob diese zutreffend sind
★ entwickeln gemeinsam Fragestellungen und gestalten damit ein Spiel
★ präsentieren die Umsetzung ihrer Ideen und ihr selbst erstelltes Material auf geeignete Weise vor der Klasse